AF250482

Lib 45
40
A

ORAISON FUNÈBRE.

ORAISON FUNÈBRE

DE

TRÈS-HAUTE, TRÈS-PUISSANTE ET TRÈS-EXCELLENTE PRINCESSE,

MARIE-JOSÉPHINE-LOUISE

DE

SAVOIE,

REINE DE FRANCE ET DE NAVARRE,

Prononcée le 26 Novembre, 1810, dans la Chapelle Françoise, de King-street, Portman-square.

—◆—

PAR M. L'ABBÉ DE BOUVENS.

—◆—

LONDRES:

De l'imprimerie de R. Juigné, 17, Margaret-street, Cavendish-square.

SE VEND CHEZ B. DULAU ET CO. SOHO-SQUARE.

—

1810.

ORAISON FUNÈBRE

DE

TRÈS-HAUTE, TRÈS-PUISSANTE ET TRÈS-EXCELLENTE
PRINCESSE,

MARIE-JOSÉPHINE-LOUISE

DE

SAVOIE,

REINE DE FRANCE ET DE NAVARRE.

Et nunc si delectamini sedibus et sceptris, ô Reges populi, diligite sapientiam, ut in perpetuum regnetis.

Maintenant, O Rois de la terre, si vous êtes attachés aux sceptres et aux trônes, recherchez la sagesse, pour obtenir un règne durable.

AU LIVRE DE LA SAGESSE, Chap. vi.

MONSEIGNEUR,*

TEL étoit le langage de Salomon dans sa gloire, de ce roi que le Seigneur avoit comblé de ses bienfaits, enrichi de toutes les connoissances,

---

* MONSIEUR, frère du Roi, présent à la cérémonie, accompagné de LL. Altesses Royales, Monseigneur le Duc d'Angoulême, Monseigneur le Duc de Berri, et de LL. Altesses Sérénissimes, Monseigneur le Prince de Condé et Monseigneur le Duc de Bourbon.

doué de tout ce qui peut satisfaire les désirs de l'homme sur la terre. C'est du haut du trône, qu'il annonçoit aux princes, et aux peuples, que tout est vanité dans ce monde, que la vraie grandeur est dans la sagesse, dans la religion, et qu'il n'y a de règne durable, que celui que le Roi des Rois prépare à ses Elus. *Diligite sapientiam, ut in perpetuum regnetis.*

Et dans quel temps cette grande vérité a-t-elle dû retentir davantage à l'oreille de ceux qui sont destinés à gouverner les hommes? Quelle salutaire mais quelle redoutable lumière elle doit jeter dans les esprits, au moment où je parle, sur l'instabilité des choses humaines, et le néant de tout ce que nous appelons puissance, honneurs, prospérité! D'un bout de la terre à l'autre, la main protectrice des empires s'est retirée, et les trônes ont été renversés. Non, Messieurs, nous ne marchons plus sur des ruines ordinaires ; elles se composent de sceptres, de diadèmes et de couronnes, et c'est au milieu de ces majestueux débris, que nous avons à nous instruire, vains et foibles mortels que nous sommes. Ah! sans doute il falloit à ce siècle endurci d'aussi terribles exemples, pour que l'on apprît à reconnoître le bras du Tout-Puissant qui se joue des choses et des états auxquels nous attribuons le plus de stabilité. Il s'est appesanti ce bras, il a brisé tous nos appuis, Messieurs, il a dispersé tout ce qui formoit nos passagers établissements, il nous a entraînés comme de frêles nacelles dans ces grands naufrages qui laisseront après eux tant de ruines, et ce n'est pas moins pour notre instruction, que pour celle des rois, que Salomon s'est écrié : *Attachez-vous à la sagesse dont le règne seul est durable.*

Mais pourquoi viens-je arrêter vos regards sur les étonnantes catastrophes qui attestent la vérité des paroles de mon texte, lorsqu'elle paroît sortir de ce tombeau même, dans la triste cérémonie qui nous rassemble ? Ah ! pour nous convaincre de la fragilité attachée aux choses d'ici-bas, ne sortons pas de cette enceinte. Tout en parle énergiquement à nos cœurs affligés. Cette réunion loin de notre triste et malheureuse patrie, tant de restes imposants de notre ancienne gloire, des princes augustes qui viennent ici confondre leur douleur avec la nôtre, des pontifes vénérables, martyrs de leur devoir, des guerriers que décorent les nobles récompenses de nos monarques, des magistrats qui siégèrent autrefois sur les lis, des gardes couverts de cicatrices et fidèles jusqu'au tombeau, tant d'illustres victimes de l'honneur, et plus que tout, Messieurs, une Reine de France dont la dépouille mortelle est reçue en terre étrangère ; voilà ce qui présente à nos yeux le trop fidèle tableau des vicissitudes humaines. Hélas ! l'auguste princesse que nous pleurons, avoit cruellement appris elle-même à sentir combien sont foibles tous les appuis terrestres ; et ce n'est qu'en se jetant dans les bras de la religion, qu'elle nous a laissé le modèle de la plus noble fermeté dans ses longues infortunes, et de la plus chrétienne résignation aux approches de la mort qui les a terminées. Oui, telle a été la force de son âme que rien n'a pu abattre sa constance dans les plus grands revers, et telle a été sa confiance en Dieu, qu'elle a vu avec calme se dissoudre les liens qui l'attachoient à la vie. C'est à ces traits principaux que vous reconnoîtrez, Messieurs, l'hommage que je viens consacrer aujourd'hui à la mémoire de TRÈS-HAUTE, TRÈS-PUISSANTE ET TRÈS-EXCELLENTE PRINCESSE MARIE-JOSÉPHINE-LOUISE DE SA-VOIE, REINE DE FRANCE ET DE NAVARRE.

CEUX que la providence a choisis pour commander aux autres hommes et pour devenir ses images sur la terre, ne brillent quelquefois dans ces postes éminents, que par des qualités qui naissent de leur élévation, et qu'ils semblent emprunter de l'éclat qui les environne. Mais s'il est une vertu que nous devions surtout apprécier en eux, parce qu'elle leur appartient en propre, c'est le courage de l'âme dans ces occasions rares, où, par des orages imprévus, il leur arrive, selon l'expression de l'écriture, de goûter à la coupe de l'adversité. Cest ce qui faisoit penser à St. Jérome que la force et la constance devoient être l'appanage des rois. *Fortitudo et constantia via regia est.*

Ici, Messieurs, j'aurois à faire la plus heureuse application de cette belle maxime dans la personne de l'auguste princesse dont nous dé-

plorons la perte, et je la transporterois rapide-
ment aux époques funestes où elle se fera remarquer par cette inébranlable fermeté dont
parle St. Jérome, si je ne devois vous la repré-
senter un moment placée au milieu de la cour la
plus brillante, et jouissant de tous les avantages
de la plus illustre alliance. Issue de la maison
souveraine de Savoie qui compte, parmi une
longue série de princes, des monarques également redoutables dans la guerre et sages dans la
paix, MARIE-JOSÉPHINE fut élevée dans des principes de religion qui devoient un jour être sa
force et son soutien dans les diverses tribulations de sa vie. Mais surtout elle eut sous les
yeux le plus puissant des attraits, celui des grands
exemples. En effet, quel heureux assemblage
de vertus vient frapper nos regards dans cette
cour où MARIE-JOSÉPHINE avoit reçu la naissance!
Quel accueil généreux y fut offert à nos princes
de la part de son auguste chef! Quelle étendue
d'esprit, quels sentiments de religion se faisoient
remarquer dans l'héritier de cette couronne!
Hélas! il devoit un jour la déposer volontaire-
ment au pied des autels, pour étonner l'Europe

par sa constance et sa courageuse résignation, lorsque le ciel lui eut ravi une épouse chérie, objet de ses regrets, comme elle l'avoit été de notre amour dans sa jeunesse. Si nous jetons les yeux sur son successeur, quelle loyauté, quelle élévation d'âme, quelle énergie il conserve encore sur ce trône ébranlé par la tempéte! Et, dans l'intéressante princesse qui s'y assied avec lui, quelle réunion de grâces, de vertus et de qualités, héritage précieux transmis par son illustre mère! C'est au milieu de si grands et de si beaux modèles que MARIE-JOSÉPHINE vit s'écouler les premières années de sa vie.

Hélas! l'aurore de ses jours ne pouvoit pas présager que leur déclin seroit abreuvé d'amertumes. Elle étoit adorée dans sa famille; elle se vit également depuis entourée d'hommages, et reçue au milieu des acclamations de la joie, lorsqu'elle aborda notre France, (heureuse alors!) pour unir sa destinée à celle d'un prince dont les grandes qualités annonçoient dès-lors tout ce que les François pouvoient attendre de lui, et tout ce qu'il réalise aujourd'hui pour notre bonheur. Les peuples dans l'allégresse se pressoient sur son passage. Ah ! quelle douce émotion ne dut-elle pas éprouver, lorsqu'après avoir traversé nos florissantes provinces, elle fut accueillie dans cette nouvelle famille qui depuis tant de siècles occupoit le trône de St. Louis ! famille auguste qui répandoit dans l'Europe l'éclat de vingt-quatre règnes d'une prospérité à peine interrompue depuis celui de ce grand roi, comme elle versoit parmi les peuples l'abondance et tous les bienfaits d'un gouvernement paternel ! Ah ! qu'ils étoient grands, qu'ils étoient bienfaisants, qu'ils savoient bien allier la grâce, la douceur et la majesté, ces princes, ces Bourbons, que nous avons toujours portés dans nos cœurs ! Que les François étoient heureux ! Mais aussi qu'ils étoient dignes de l'être alors par leurs sentiments et par l'amour qu'ils portoient à leurs maîtres ! Un accord merveilleux unissoit par une chaîne douce et secrète les princes aux sujets, les sujets à leurs princes, et composoit, pour ainsi dire, une seule famille de tout l'empire françois. MARIE-JOSÉPHINE fut également frappée et touchée de ce spectacle, et nous l'avons vue, pendant près de dix-huit années, concourir à le former par les qualités de son cœur et les grâces de son esprit. Hélas! Messieurs, ces dix-huit années seront à peine comptées dans le cours de sa vie. Le bonheur ressemble à ces ruisseaux tranquilles qui roulent leurs eaux sans laisser de traces de leur passage. L'homme compte rarement les jours de sa prospérité ; il s'endort sur la foi des vents favorables, lorsqu'il est porté sur une mer sans orages. Les âmes les plus fortes reposent, pour ainsi dire, dans ces temps de calme où rien ne vient les avertir que cette vie est une vallée de larmes, et que l'homme n'y peut marcher sans payer son tribut à la douleur. Heureux ceux qui, à l'exemple de notre auguste princesse, ne sont pas tellement enivrés par le prestige des jouissances qu'ils laissent perdre à leur âme tout leur ressort, et se trouvent sans ressources pour l'avenir ! MARIE-JOSÉPHINE, même au sein de tout ce que la grandeur avoit d'attrayant pour une jeune princesse, annonça toujours par ses réflexions, et par la maturité de son esprit, qu'elle voyoit au-delà de ce qui frappe les yeux du vulgaire. Mais surtout les principes de religion qu'elle avoit reçus et qu'elle n'oublia jamais, la préservèrent du

grand écueil où vont se briser ceux qui s'aban-
donnent sans prévoyance aux illusions de la prospérité. Ah! qu'elle s'applaudira un jour d'avoir
entretenu ces principes dans son cœur! C'est là
proprement le trésor de sagesse, dont parlent
les livres saints, trésor qui ne manque jamais à
son possesseur, qu'aucune puissance humaine ne
peut ravir, et où l'infortuné trouve à puiser
lorsqu'il est en butte à l'injustice des hommes.

Le moment fatal est arrivé, Messieurs, où
cette injustice va éclater. Depuis long-temps un
orage se formoit sur la France, et portoit dans
son sein tous les germes d'une destruction uni-
verselle. Grossi par tout ce que la malignité des
hommes, l'esprit d'irréligion et d'immoralité peuvent enfanter de plus funeste pour les empires,
le nuage crève, et soudain tous les liens de la
sociabilité se brisent, la confusion s'établit par-
tout, la révolution françoise paroît.... Monstre
nouveau que l'histoire ni la fable n'avoient pu
signaler, parce que la frénétique imagination des
hommes n'avoit encore rien produit de sem-
blable. Vous rappellerai-je, Messieurs, ces temps
de calamité, et ces scènes de cannibales qui fe-

ront frémir les siècles à venir? Vous peindrai-je l'asile sacré des rois violé dans cette nuit, hélas! si fameuse, ces gardes intrépides et fidèles égorgés en défendant leurs maîtres, le plus vertueux des monarques traîné par des sujets rebelles au milieu de sa capitale, et la longue série de crimes qui surpassèrent ces premiers attentats? Non, je m'arrête : orateur évangélique, je dois tirer un voile sur de pareils forfaits. Ils sont du domaine de l'histoire, et je ne puis regretter de n'avoir pas à tremper ma plume dans le sang, pour les rendre dans toute leur atrocité. Mais cette épouvantable subversion se lie pour un instant à mon sujet, puisque notre auguste princesse en fut à la fois le témoin et la victime: Ce fut dans ce moment de trouble et de dangers, qu'on la vit opposer à l'orage une inflexible fermeté, et qu'elle trouva dans la force de son caractère un soutien contre tant de secousses inattendues.

Dieu juste, et incompréhensible dans vos décrets, de quels fléaux avez-vous donc voulu que fût frappé ce royaume très-chrétien? De quelles amertumes avez-vous permis que fût abreuvée toute la famille de St. Louis! Ah! du moins, Seigneur, ne souffrez pas que les auteurs de tant de maux trempent leurs mains dans le sang de tous nos princes. Arrachez à ces tigres quelques-unes de leurs victimes. Nous sommes exaucés, Messieurs. La perfide vigilance des persécuteurs est un moment trompée; une terre étrangère reçoit MONSIEUR et son auguste épouse. Hélas! en s'éloignant de cette terre de malédiction, mais où ils laissoient tant d'objets chers à leur cœur, quels tristes regards ne durent-ils pas jeter en arrière! Leurs personnes étoient à l'abri de la fureur des factieux; mais que leur âme étoit loin d'être tranquille, et que d'atteintes cruelles devoient successivement la déchirer! Je n'essayerai pas, Messieurs, de vous peindre les douloureuses angoisses de MARIE-JOSÉPHINE lorsqu'elle apprit que les monstres altérés du sang de sa famille avoient, dans leur sacrilége audace, conduit à l'échafaud, ce prince, le Titus de la France, auquel la terre reconnoissante eût autrefois élevé des autels. C'est alors qu'attérée d'un coup si funeste, et noyée dans les larmes, elle leva les yeux vers le ciel pour y puiser, comme à leur source, les seules consolations qu'elle pouvoit désormais attendre. Elle s'écria, comme Esther à la vue des malheurs dont étoit ménacé son peuple : *Seigneur, soutenez votre servante ; car vous êtes mon seul appui. Adjuva me ancillam tuam, nullum aliud auxilium habentem nisi te, Domine ∗.*

Oui, Princesse infortunée, attendez tout de ce Dieu de miséricorde ; car l'écriture nous apprend que ses yeux sont toujours ouverts sur ses créatures souffrantes, et qu'il envoie l'esprit de force et de courage à ceux qui mettent leur confiance en lui. *Oculi domini contemplant universam terram, et præbent fortitudinem his qui credunt iu eum †.* C'est lui qui vous soutiendra, lorsque de nouvelles blessures viendront rouvrir celles que vous avez déjà reçues. Hélas ! il vous reste encore des larmes bien amères à verser. Oui, Messieurs, Marie-Joséphine en paya le tribut honorable et touchant, et pour cette Reine

---

∗ Æsther, chap. xiv.

† Paralipon. chap. ii. vers. 16.

si digne de nos hommages, et pour cet ange sur la terre qui jusqu'à ses derniers moments fut le soutien de notre infortuné monarque son auguste frère, et pour ce jeune prince élevé dans la douleur, l'humiliation, et que le plus lâche des crimes moissonna dans sa fleur pour le ravir à nos espérances. Elle en versa surtout pour cette sœur intéressante qui, pendant que son auguste époux suivoit ses nobles destinées et cherchoit des vengeurs à la plus juste des causes, vivoit dans la solitude, livrée aux exercices de la plus tendre piété. Ah! qu'il me soit donné de jeter ici quelques fleurs sur sa tombe que n'ont pu arroser nos larmes! Souffrez, ô prince magnanime, qui contribuâtes à son bonheur pendant tant d'années, souffrez qu'en votre présence je parle de ses modestes vertus, de ses douces et aimables qualités, de cette affabilité qui lui gagnoit tous les cœurs, enfin de cette touchante piété qui, n'en doutons pas, a trouvé sa récompense dans le ciel. François qui m'écoutez, n'oubliez pas que nous lui devons le bonheur de posséder au milieu de nous, deux jeunes princes sur lesquels reposent nos plus douces espérances. Du haut du séjour céleste, où l'ont placée les mérites et les souffrances de sa vie mortelle, qu'elle reçoive le tribut de nos regrets, et ce foible hommage dont je m'honore d'être ici l'interprète!

Cependant, Messieurs, MARIE-JOSÉPHINE, accablée de tant de chagrins et de tant de pertes, se recueilloit de plus en plus dans les différentes contrées où ses malheurs la forçoient de chercher un asile. Tous ses sacrifices étoient faits. Elle les avoit offerts à Dieu; et, devenue, par la mort de Louis XVII, Reine de France et de Navarre, elle arrêta moins ses regards sur cette nouvelle dignité, qu'elle ne les dirigea vers le souverain dispensateur des couronnes, pour adorer ses décrets, dans tout ce qu'il lui plairoit d'ordonner sur sa destinée. Elle disoit avec le même prophète Roi, qui nous a transmis de si énergiques pensées sur le néant des choses humaines : *Je vous ai invoqué, Seigneur, vous m'avez envoyé l'esprit de sagesse, et je l'ai préféré aux royaumes et aux trônes de la terre. Et invocavi, et venit in me spiritus sapientiæ, et præposui illam se-*

dibus et regnis *. O admirable puissance que celle de la religion pour fermer toutes les plaies du cœur humain! Dès qu'une âme s'est donnée entièrement à Dieu, qu'elle s'est reposée dans son sein, tous les secours lui sont apportés à la fois. Il ne laisse jamais ses serviteurs dans l'abattement. Ce qu'il fit autrefois pour son fils dont le sang ruisseloit dans le jardin des olives, il le fait encore pour les âmes saintes qui ont recours à lui, et l'ange consolateur est toujours à côté du juste en prière : c'est lui qui a dit à ceux qui sentent leur foiblesse : *prenez courage, et bannissez toute crainte. Dicite pusillanimis, confortamini et nolite timere* †.

Le croiriez-vous, Messieurs ? la Reine devoit encore avoir besoin de cette douce assurance. Quoi ! seroit-elle destinée à de nouvelles alarmes ? Oui, Messieurs. La rage des bourreaux de Louis XVI. de Marie-Antoinette, et de l'in-

---

* Livre de la Sagesse, chap. \ii. ver. 7.

† Isaïe, chap. xxxv.

fortuné rejetton de leur race, n'est pas encore assouvie. Ils poursuivent jusqu'aux extrémités du monde cette famille illustre dont les bienfaits, autant que les malheurs, attesteront à la dernière postérité l'ingratitude de nos comtemporains. Des assassins, envoyés dans l'asile momentané qu'avoit choisi Louis XVIII, essayent de consommer le plus lâche des attentats. Le sang du Roi coule, Messieurs.....Mais la Providence permet que l'attente des scélérats soit trompée. Le Roi nous est rendu, et sa blessure n'est pas mortelle. Ah! François! venez entourer votre courageux monarque; venez et voyez quel calme et quelle noble tranquillité brillent sur son front, dans un moment où l'homme le plus intrépide n'est pas maître d'une certaine émotion. O présage heureux de la fermeté qu'il opposera toujours à la tempête, et gage assuré des espérances que nons devons placer pour l'avenir dans la trempe de son âme, et la vigueur de son esprit!

Dans cette fatale circonstance, représentez-vous, Messieurs, les anxiétés de la Reine, et jugez pour la dernière fois à quelles terribles épreuves est mise sa constance. Ah! ne nous lassons pas de le répéter, il ne falloit pas moins que son entier abandon aux vues de la Providence, pour résister à des secousses si cruelles et si réitérées. Mais cette Providence, toujours attentive aux besoins de ses créatures, allégera pour un moment tant de douleurs.

Il manquoit depuis long-temps au bonheur de la Reine d'être réunie à son auguste époux. Ce moment fortuné arrive enfin pour son cœur. Mais c'est presque aux bords glacés de notre hémisphère, qu'elle est obligée d'aller rejoindre celui avec lequel elle doit partager désormais le pesant fardeau de l'infortune. O inconcevable destinée de cette majestueuse et antique race des Bourbons dont les fastes offriront aux siècles à venir tant de grandeur, tant de hauts faits et tant de gloire! O perversité des hommes! et maintenant, Potentats de la terre, apprenez à connoître les révolutions : *Et nunc, reges, intelligite, erudimini qui judicatis terram.**

Puissances du Continent, rivales autrefois de la France, vous avez été témoins de ces grands

---

* Psaume II.

désastres ; vous avez vu la majesté des rois er-
rante et fugitive. Mais je ne vous juge pas.....
C'est à la postérité de prononcer sur la timidité
de vos conseils, et je vous abandonne à son im-
partial et sévère tribunal. Elle frémira d'indignation, quand elle apprendra que cette retraite
choisie, je le répète, presque aux confins du pôle,
n'aura pas été la dernière.

Mais quelle généreuse hospitalité est tout-
à-coup offerte à notre infortuné monarque par ce
prince, qui d'un maintien si noble et si ferme, portoit cette couronne à laquelle les Gustaves avoient
donné tant d'éclat ! O valeureux descendant de
Charles XII ! si les destinées de l'Europe l'avoient
permis, il vous eût été donné de la sauver par
votre énergie. Mais les monstres qui nous
avoient enlevé Gustave III, ont encore été sur-
passés par l'usurpateur qui a saisi leur sanglant
héritage, et sa perfidie a corrompu vos peuples.
Ah ! prions le Tout-Puissant qu'il fasse enfin
rentrer dans ses limites cette mer de crimes qui
a submergé tant de trônes, et qu'il rende un jour
aux Suédois égarés et repentants l'héritier de tant
de héros. Espérons-le, Messieurs ; car déjà le

ciel a veillé sur ses jours.   Il semble l'avoir enveloppé d'un nuage pour le conduire, à travers mille dangers, près de cet illustre souverain,* si justement honoré des Anglois par ses vertus, par l'élévation, la fermeté de son âme, et que l'histoire appellera le bouclier des rois.

Cependant, Messieurs, l'asile, si noblement préparé à notre monarque, n'offre déjà plus de sûreté.   Il faudra encore transporter sa famille dans d'autres climats.   Il faudra dans la saison la plus rigoureuse, s'exposer à toute l'inclémence des mers.   Et voilà donc ce qu'a pu faire un seul homme par l'étonnant succès de ses crimes !...... Mais plaçons un nuage épais, entre nous et ce sanguinaire usurpateur, ne profanons pas cette enceinte en prononçant son nom, et n'en parlons que comme de l'une de ces plaies dont Dieu frappa l'Egypte, et qui, après avoir ravagé la terre, disparoîtra sous sa main puissante et vengeresse.

Déjà, oui déjà, l'éclair de l'espoir a brillé dans le midi....un grand peuple s'est montré, qui, fort

---

* Georges III.

de la religion de ses pères, de son antique loyauté, et de son amour pour ses rois, s'est placé fièrement entre les nations asservies et leur nouveau tyran. Séparés tout-à-coup par la plus lâche des perfidies, de l'auguste famille qui régnoit sur eux, les Espagnols se sont levés, et le tigre a frémi de rage en enlevant sa proie. La foudre est moins rapide que le feu du patriotisme qui parcourt en un instant, et les cités, et les hameaux, et le palais du riche, et la chaumière du pauvre, et les asiles sacrés de la piété, et les bornes de l'océan dont le royaume s'environne. Les ministres des autels prennent la voix des prophètes; ils s'écrient comme Joël au milieu des places publiques : *Votre religion, vos droits, vos institutions sont attaqués.....Sanctifiez la guerre......appelez, rassemblez tous vos guerriers; convertissez vos charrues en épées; que la bêche devienne une lance, et que le foible se dise : Je serai fort avec le secours du Seigneur: Sanctificate bellum, suscitate robustos, accedant ascendant omnes viri bellatores, concidite aratra vestra in gladios, et ligones vestros in lanceas....*

*infirmus dicat : quia ego fortis sum.** Aussitôt quelle noble ardeur a passé dans tous les esprits, enflammé tous les cœurs ! Au cri de la patrie en danger, toute la nation apparoît en armes. Bientôt les premiers efforts de ce peuple de héros sont couronnés du succès. Le lâche usurpateur fuit de sa capitale. Ces bataillons si terribles, devant lesquels les aigles réunies n'avoient pu soutenir leur vol, cèdent à l'impétuosité de ces guerriers rassemblés à la hâte. Ah ! soutenez-les, grand Dieu ! donnez-leur cet esprit de force et d'ensemble contre lequel vinrent échouer toutes les armées de l'impie Antiochus. Ne souffrez pas que les sacriléges profanateurs de vos autels marchent insolemment sur leurs ruines ; faites planer sur ces peuples fidèles l'ange de la victoire ainsi que vous le fîtes autrefois pour Judas Macchabée et ses frères intrépides. Comme eux, ils se sont levés avec une sainte indignation ; comme eux, ils combattent près du

---

* Joël, chap. III, v. 9.

tombeau de leurs pères pour maintenir les divines lois que vous leur avez transmises. Oui, Messieurs, si cette invincible nation donne à l'Europe un si frappant exemple de la résistance à l'oppression, c'est que chez elle le flambeau de la liberté s'est allumé à celui de la religion. Et que la philosophie nous produise aujourd'hui de pareils prodiges ! Le voilà ce peuple qu'elle nous représentoit comme assoupi, courbé sous le poids des préjugés, comme se tenant en arrière de la civilisation générale, par le respect qu'il portoit à ses anciennes institutions ! Quel élan ! quel sublime enthousiasme ! quelle unanimité d'efforts, de sacrifices, de dévouement ! Le sexe n'a plus de timidité, l'enfance plus de foiblesse, la vieillesse plus d'infirmités. Le laboureur marche à côté des grands du royaume sous les drapeux de la patrie ; les rangs, les âges, les états se confondent, et tout vient concourir à la défense générale. Chaque jour nous apporte des traits d'audace, d'intrépidité, de persévérance, tels que l'histoire des peuples les plus belliqueux n'en fourniroit pas davantage. Poursuivez, fidèles et valeureux Espagnols, et puissiez-vous, réunis à cette grande nation qui vous prête en ce moment un si généreux appui, repousser jusqu'au-délà de vos frontières les satellites du tyran qui pèse sur le genre humain !

Ah ! Messieurs, vous les formez tous avec moi sans doute ces vœux pour des sujets si dévoués à leurs souverains. Car quel plus beau titre offrit-on jamais à des cœurs françois, que l'amour qu'on porte à ses maîtres ! N'avons-nous pas nous-mêmes éprouvé tout le charme de ce sentiment, lorsque notre monarque et son auguste épouse sont venus aborder ces rivages hospitaliers ! Hélas ! après tant de courses périlleuses et lointaines, et en touchant cette île qui seule fait tête aux orages conjurés contre elle, je crois les entendre s'écrier avec le Psalmiste : *Seigneur, nous avons crié vers vous des extrémités du monde, au milieu de nos anxiétés, et vous nous avez placés sur une terre inébranlable. A finibus terræ ad te clamavi, dum anxiaretur cor meum ; in petrâ exaltasti me.**

Ici, Messieurs, des scènes plus consolantes

---

* Psaume lx.

vont succéder aux événements si funestes que j'ai fait passer sous vos yeux. Nous possédons nos maîtres, et il nous sera permis de les entourer de nos hommages dans la noble retraite d'un prince dont la valeur et les grands exemples de constance, si bien retracés dans la personne de son illustre fils, transmettront d'âge en âge l'admiration que fit naître autrefois le grand Condé. Rappelez-vous, Messieurs, le jour où, par ses soins, nous fûmes admis à jouir de la présence de tous nos princes rassemblés. Les étrangers qu'avoit attirés un tel spectacle pouvoient à peine distinguer les princes des sujets, tant la dignité des uns se mettoit à portée du respectueux empressement des autres. La Reine, oubliant ses infirmités, sembloit se multiplier pour s'offrir aux hommages de notre fidelité. On lui a entendu dire avec attendrissement : *Je sens que je ne suis plus malade.* Ah ! pourquoi les bornes de ce discours ne me permettent-elles pas de vous peindre en détail toutes les qualités qui la distinguoient ? Je vous parlerois, Messieurs, de cette disposition aimable qui rendoit heureuses toutes les personnes qui l'approchoient;

de cette bienfaisance ingénieuse, active, quoique soigneuse de se cacher, et qui alloit au-devant de tous les malheureux pour les secourir. On l'a vue souvent se refuser à elle-même ce qu'elle pouvoit désirer pour ne pas suspendre les aumônes réglées qu'elle s'étoit imposées chaque mois, et qui étoient sagement distribuées par les pasteurs des lieux où elle résidoit. Je vous la représenterois dans son intérieur, alliant toujours la grâce de l'esprit à une instruction peu commune, discourant sur les sujets les plus graves avec justesse, discernement, et donnant à observer, dans sa conversation, la facile amabilité d'une particulière jointe à la dignité d'une reine. Remarquable surtout par sa courageuse résignation, elle supportoit, sans murmures, sans retour amer sur le passé, les privations que lui imposoit souvent la rigueur des circonstances. Elle étoit supérieure à tout par l'élévation de son âme. Ces détails sont bien simples, Messieurs ; mais, s'ils ont pu vous retracer au naturel quelques-unes des qualités de la Reine, j'aurai peu à regretter le modeste coloris de ces portraits. Ah ! s'il étoit permis à un orateur chrétien d'ambitionner l'éloquence, j'arrive au moment où j'aurois besoin, non de celle qui obtient de vains suffrages, mais de celle qui part du cœur, qui le pénètre d'un feu sacré, d'une soudaine inspiration propre à faire couler des larmes d'attendrissement. Je vous la demande, ô mon Dieu, pour parler dignement de la sublime résignation que vous donnez à vos créatures, lorsqu'elles mettent leur confiance en vous ; je vous la demande, pour que dans le triste sujet qu'il me reste à traiter, nous apprenions tous à bien mourir.

Hélas ! Messieurs, c'est assez vous indiquer de quel malheur nous sommes menacés. Depuis long-temps, la Reine sentoit ses forces s'affoiblir. Des souffrances successives l'avertissoient que la nature défaillante tendoit vers sa dissolution. Son courage n'en a pas été ébranlé, et c'est alors seulement que, sans négliger les soins qu'on l'engageoit à prendre, elle s'est soumise plus particulièrement à la volonté de Dieu. La sainte habitude qu'elle s'étoit formée depuis long-temps, d'assister chaque jour au sacrifice de nos autels, lui donnoit occasion de mettre au pied de la croix ses peines et ses infirmités, et de dire avec le roi prophète : *Le Seigneur m'a protégée au jour de mes tribulations, et m'a placée sous l'abri de ses tabernacles. In die malorum protexit me in abscondito tabernaculi sui.*[*]

Cependant le roi et toute la famille royale observoient avec une tendre inquiétude l'état de notre auguste princesse. Tout-a-coup les symptômes prennent un caractère plus alarmant, et l'on apprend que la Reine est en danger. Elle croit le sentir elle-même. Elle ranime alors ses forces, non, comme il arrive à tant d'autres, pour se faire illusion, mais pour régler avec plus de calme tout ce qu'il importe à sa piété de prévoir dans ces moments décisifs. Son attention se tourne à peine vers les ressources de l'art; elle vous appelle à son aide, ô divine et consolante religion! et, sans attendre qu'on vienne lui en proposer les secours, elle dispose tout elle-même dès le début de sa maladie. Elle annonce qu'elle veut jouir de toute sa présence d'esprit pour remplir ses derniers devoirs. Aussi quelles ef-

---

[*] Psaume XXVI.

fusions de cœur, quelle touchante dévotion en recevant ses sacrements au milieu de sa famille éplorée. O sainte et ineffable efficacité de nos divins mystères ! La Reine, Messieurs, après s'être nourrie du pain des anges, paroît reprendre une nouvelle vie, afin de communiquer à ceux qui l'entourent une partie de son ardente piété. Il lui semble, qu'après avoir fait, pour elle-même et pour son salut, tout ce qu'elle a jugé d'important et de nécessaire, elle doive exercer une sorte d'apostolat, afin de laisser après elle de grands exemples et d'édifiants souvenirs. De là ces pieuses aspirations lorsque le ministre des autels, dépositaire de sa confiance, lui parloit des mérites immenses du divin rédempteur. *Le sang d'un Dieu !* s'écrie-t-elle, *quel prix !* et sa bouche à l'instant s'attache au crucifix qu'elle avoit toujours sous les yeux. De là ces réponses pleines d'onction aux personnes qui s'informoient de son état : *Je me suis transportée en esprit, dit-elle, dans le jardin des olives, et j'ai fait la même prière que notre Sauveur.* Elle sera exaucée, ô vertueuse princesse ! Le calice de douleurs ne sera pas, entièrement détourné, mais son amertume sera bien adoucie ; vous jouirez de la consolation d'être entourée, à vos derniers moments, de l'affection et des regrets de toute votre auguste famille. J'en appelle à votre témoignage, Princes qui, dans ce jour, apportez au milieu de nous le tribut de vos larmes. Fûtes-vous jamais plus émus, plus attendris, plus édifiés que dans cette douloureuse circonstance ? Que dis-je ? la Reine ne vous a-t-elle pas rendus dépositaires des sentiments qu'elle conservoit dans son cœur pour chacun de vous ? Ecoutons-la parler : son âme va se développer toute entière. Elle se sépare du Roi son auguste époux en lui *déclarant qu'elle l'a toujours porté dans son cœur* et, quoique l'instant qui va rompre une union de quarante ans soit le seul et le premier qu'elle lui ait rendu pénible, elle lui *demande pardon de toutes les peines qu'elle a pu lui causer.* Elle le prie de *rappeler, un jour, aux François, qu'elle expire en faisant des vœux pour leur bonheur.* Elle parle à MONSIEUR *de l'espérance de le retrouver dans les demeures éternelles.* Elle vous bénit l'un et l'autre, vous Princes intéressants, qu'elle ap=

pelle ses enfants ; et, comme préludant au bonheur de l'éternité, elle vous promet encore une
maternelle surveillance pour vos destinées futures.
Et vous, noble héritière des vertus de Louis
XVI, Princesse si digne de nos hommages et de
notre amour, approchez avec confiance. Elle
vous a toujours regardée comme un ange sur la
terre, et, en levant les yeux au ciel, elle semble
en appeler sur vous la protection et les plus
douces faveurs.

La bonté, la prévoyance de la Reine ne
s'arrêtent pas là, Messieurs. Ici tout est précieux
à recueillir, et je sens que je parle à des François. Elle veut aussi donner aux personnes qui
lui sont particulièrement dévouées, et qu'elle a
toujours affectionnées, des preuves dernières de
son intérêt. Elle épanche sa confiance dans leur
ein, et leur demande de vivre dans leur souvenir. Elle fait un adieu de reconnoissance à
ce prélat respectable * qui, par ses grands exemples et ses discours, l'a encouragée et sou-

---

* Mgr. l'Archevêque de Rheims.

tenue dans ses pieuses résolutions; tout ce qui approche d'elle, et jusqu'à ses domestiques, auront part à ses regrets, à ses attentions, aux expressives démonstrations de sa bonté; et, lorsque ce besoin de son cœur est rempli, elle se recueille de nouveau en elle-même. Ses regards quittent la terre, et se tournent vers le ciel. Elle ne se sépare plus de son dernier consolateur *, si digne de l'être par ses touchantes exhortations et sa piété. Elle reçoit de ses mains le signe sacré de notre rédemption, et s'endort avec sérénité dans le Seigneur.

O mort précieuse! ô mort sublime! ô mort digne des anciens confesseurs de Jésus-Christ! vous ne sortirez jamais du souvenir des Chrétiens et des François qui m'écoutent. Vous nous laissez la plus grande, la plus importante de toutes les leçons. Entourons ce cercueil, Messieurs, et, en voyant tant de grandeurs, tant de dignités qui ne sont plus que cendre et poussière, apprenons à nous convaincre du néant de tout

---

* M. l'Abbé de Bréau, confesseur de la Reine.

ce qui brille aux yeux des hommes. En nous rappelant de combien de tribulations et d'adversités a été traversée la vie de cette grande princesse, apprenons d'elle à supporter en esprit de pénitence toutes celles que le Seigneur nous envoie. Mais tout-à-coup quelle réflexion vient frapper mes esprits à la vue de ce lugubre appareil et de cette pompe funèbre! O profondeur des jugements de Dieu! O inexplicable enchaînement des événements de ce monde! Nous déposons aujourd'hui nos douleurs sur un sol étranger, nous pleurons une Reine de France en Angleterre, et les Anglois fidèles vinrent autrefois apporter chez nous le tribut de leurs larmes pour Henriette-Marie de France, Reine de la Grande Bretagne. Hélas! ils avoient à déplorer les mêmes vicissitudes qui ont signalé la destinée de MARIE-JOSÉPHINE. Oui, grande et généreuse nation, les honneurs que nous rendîmes à votre Souveraine, vous les rendez à la nôtre, et, j'ose en être garant, cette touchante conformité resserrera pour jamais les liens qui vous unissent à tous les cœurs françois!

Pontife vénérable, achevez le sacrifice! Offrez pour la Reine, offrez pour nos Princes, offrez pour nous tous cette hostie sans tache, gage du salut du monde, et que ses mérites attirent sur nous les bénédictions du ciel!

Et nous Chrétiens! prosternons-nous au pied de ces autels. Implorons-y le Dieu des miséricordes. C'est là que nous trouverons un appui qui nous dédommagera de l'injustice des hommes, de la rage des persécutions, des rigueurs de l'infortune. Les empires détruits, l'impiété triomphante, le globe bouleversé, la morale des peuples intervertie, tous les droits confondus, tant de changements, tant de ruines, peuvent sans doute étonner un moment et troubler le vrai chrétien. Mais, quand il est en présence de son Dieu, quand il embrasse le signe adorable de la croix, quand le ciel s'ouvre à sa prière, la terre disparoît, les hommes et leurs œuvres ne sont plus que de vains fantômes; il ne voit que son maître et son Sauveur qui lui répond : *toutes ces choses passeront, mais ma loi ne passera pas.* Oui, tout est passager hors cette loi, tout est sujet à périr hors notre âme qu'il faut sauver, tout est vanité dans l'homme, et tout finira pour lui. Que nous reste-t-il donc à méditer, Chrétiens qui m'écoutez ? Le néant des choses d'ici-bas, la mort....l'éternité !

FIN.

De l'imprimerie de R. Juigné, 17, Margaret-Street, Cavendish-Square